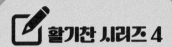

활기찬 시리즈 4

A. 전략과정

박종석·이진숙·이희정 지음

마인드 스토리 메타인지 워크북

자기주도학습 공부력

- ✔ 생각을 생각하는 메타인지 체화!
- ✔ 나만의 공부법을 통한 평생 공부기술!
- ✔ 공부는 결국 루틴!
- ✔ 공부습관을 통한 자기역량 가속화!

박영story

대상 및 시기별 추천 활용시트

초등4학년 이상 고등학생 ╋ 대학생 및 성인 학습자

영역별 활용 방법

영역	내용	활용 시기	활용 시트	추가 시트
Part 1 꿈과 비전	꿈과 동기	새로운 시도가 필요한 시기, 신학기 등	마인드스토리 기초자료 — 13 약속합니다 — 15 Self-Study Story — 16 Self-Study Story II — 17 꿈리스트 — 18 비전세우기와 자기 선언 — 19	상담기록 MINDSTORY — 23
	자기개념	학습 수행 이전 단계, 신학기 등	자기유형 탐구 I — 20 자기 유형 분석 II — 21 자기 유형 개발 훈련 — 22 행동수정 — 22 상담기록 MINDSTORY — 23	과목별 공부 현황 — 27 과목별 학원 현황 — 28 프로젝트 계획 — 29
Part 2 계획과 시간 관리	시간관리	시험준비 2~3개월 전, 학습 수행 이전 단계 등	과목별 공부 현황 — 27 과목별 학원 현황 — 28 프로젝트 계획 — 29 롤모델 따라하기 — 30 고정 시간 관리 — 32 자기 관찰 기록 20 — 34 자기 관찰 분석 활동 — 35 우선순위 메트릭스 20 — 36	
	플래너	시험준비 2~3개월 전, 학습 수행 이전 단계 등	전략과목 선정 — 37 1주일 놀기계획 / 공부계획 세우기 — 38 학습 로드맵 — 40 월간 계획 세우기 — 41 일일 학습 계획 — 42	고정 시간 관리 — 32 자기 관찰 기록 20 — 34 자기 관찰 분석 활동 — 35 우선순위 메트릭스 20 — 36
Part 3 학습 전략	예습전략	방학 및 일반 학습 기간	Self-Study Story — 47 교과서 구조정리 I — 48 교과서 구조정리 II — 49 목차 정리 — 50 7회독 교과개념 — 52 인문학 탐구 — 54 서술형 탐구 — 55 중단원 예습 절차 — 56 소단원 예습 절차 — 58	

영역별 활용 방법

영역	내용	활용 시기	활용 시트	추가 시트
Part 3 학습 전략	수업전략	일반 학습 기간	노트 정리 방법 — 60 수업 Talk 핵심 Talk — 62	Self-Study Story I — 47 교과 위계도 I — 63 교과 위계도 II — 64
	복습전략	일반 학습 기간	교과 위계도 I — 63 교과 위계도 II — 64 교과 위계도 III — 65 백지노트 — 66 백지노트 수정 — 67 개념도 I — 68 개념도 II — 69	Self-Study Story II — 17
Part 4 시험 전략	시험계획	시험준비 2~3개월 전	시험 계획 세우기 — 73 시험 계획 로드맵 — 74 시험 공부 과목 배치표 — 75	고정 시간 관리 — 32 자기 관찰 기록 20 — 34 자기 관찰 분석 활동 — 35 우선순위 메트릭스 — 36 전략과목 선정 — 37
	시험분석	시험 직후	시험 내용 분석 — 76 과목별 시험 경향 분석 — 78 시험 종합 분석 — 79	
Part 5 메타인지 전략	문해력 향상전략	방학 및 일반 학습 기간	마인드스토리 문해력 — 86	
	메타인지 사고역량	방학 및 일반 학습 기간	Magic Number 7 기억훈련 — 83 메타인지 사고 분석 — 87	
	교육정보와 자기발표	방학 및 일반 학습 기간	자기과제 발표 — 88 교육 정보 탐구 — 90	
Part 6 활용지	메타인지	활동 전	Self-Study Story — 95~104	
	학습상담	활동 후	상담기록 MINDSTORY — 105~112	
	활동지	일반 학습 기간	마인드스토리 문해력 — 113~116	

마인드스토리 메타인지 워크북 ● 목차

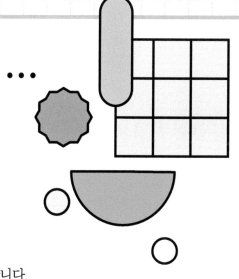

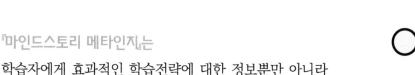

『마인드스토리 메타인지』는

학습자에게 효과적인 학습전략에 대한 정보뿐만 아니라
이 전략을 언제 어떻게 적용해야 할지를 안내합니다. 또한
학습자 스스로 자신의 생각과 행동을 통제하는 방법을 제시합니다.
단순한 공부방법을 뛰어넘어 감정을 다스리게 하는데, 여기서 감정의
역할은 스스로 필요에 의해 자신의 동기를 조절하는 기능을 포함합니다. 또한 자신의 사고에 대한
생각을 목적 지향적으로 수행하는 메타인지역량의 향상을 꾀하여 학습자에게 최상의 결과를 도출
하게 합니다.

『마인드스토리 메타인지』는

학습 이전의 학습을 공부할 수 있는 체계적 접근으로, 학습자의 학습역량을 높이는데 첫 번째 목적
을 두고 있습니다. 학습 역량을 키운 후에는 자기 자신에게 최적화 된 학습방법을 찾아 최상의 성과
를 이루는 것이 최종의 목적입니다.

메타인지 역량은 학습자가 목적이 있는 자기 평가와 평가 후 피드백을 통한 전략적 접근으로 자기
행동을 수정하며, 의도적으로 새로운 전략을 적용할 수 있도록 해줍니다. 이러한 성찰, 적응, 적용
의 순환은 효과적인 학습과 지속적인 개선에 필수적입니다.

『마인드스토리 메타인지』는

학습자가 공부하는 과정에서 스스로 느끼게 되는 다양한 생각과 느낌을 정리하고 그것이 바람직한
지, 그렇지 못한지를 점검하여 더 나은 선택을 할 수 있도록 만들어 졌습니다.

이 책은 학습자 여러분과 또 다른 자기 안의 자기와의 지속적인 대화와 치열한 상호 공방을 통해 자
기 발전을 해보는 계기를 만들 것을 권유하고 있습니다.

학습자 여러분이 무한한 상상력과 창의력을 기반으로 깊은 생각의 고리를 계속 이어간다면 지금까
지 경험하지 못했던 통찰의 희열을 만날 것이라고 확신합니다. 이 책을 만나는 학습자 여러분을 응
원합니다.

마인드스토리 메타인지
교과학습의 개요

✓ 초·중·고등학교 학생들을 대상으로 메타인지 역량을 향상시킬 수 있는 워크북입니다.

✓ 마인드스토리는 전략과정, 체화과정, 심화과정 3단계로 구성되어 있으며 각각 체화수련, 심화수련으로 자발적 학습을 하도록 구성하였고, 학생들을 지도하기 위한 지도서를 별도로 준비하였습니다.

✓ 마인드스토리 메타인지 학습은 John Flavell의 생각에 대한 생각을 인지과정에 적용한 이론을 추구하였고, 작업기억과 정보 모니터링의 영역에서는 Nelson Cowan, 근접발달이론의 Lev Vygotsky, 인지심리학과 구성주의의 연결지점에서는 Jerome Bruner 등의 세계적 석학들의 이론에 기초하여 균형잡힌 발달이 이루어지도록 노력하였습니다.

마인드스토리 메타인지
교과학습의 특징

✓ 다양한 영역의 활동을 통해 학습자의 메타인지 역량이 좋아집니다.

✓ 자기 동기 조절에서 시작된 마인드스토리 공부는 성취감으로 이어져 학습 동기를 강화하게 합니다.

✓ 메타인지 사고는 행동수정 활동을 유도하며 과제에 대한 집중력을 높게 합니다.

✓ 마인드스토리 전략과정은 공부에 필요한 대부분의 사항을 스스로 점검하게 합니다.

✓ 마인드스토리 체화과정은 다양한 전략과정의 영역을 학습자에게 체화 습득하게 합니다.

✓ 마인드스토리 심화과정은 자신만의 공부 방법을 분명하게 수립하게 합니다.

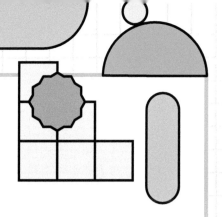

마인드스토리에서는 학습자 여러분에게 무엇인가를 가르치거나 강요하지 않습니다. 스스로 끊임 없이 묻고 답하는 과정에서 자신에게 맞는 최상의 학습법을 찾아가는 기회를 제공합니다. 메타인지 사고의 기반에서 하는 자기주도학습을 촉진하는 마인드스토리 학습전략은 학교 공부뿐 아니라 삶의 방식에도 유사하게 적용할 수 있습니다.

마인드스토리 메타인지 과정은 학생 여러분의 효율적 학습성과를 위해 함께 연구해 갈 여러 가지 내용 중에 가장 기본적인 처음 시작 과정입니다. 마인드스토리 메타인지 과정을 학습한 학습자는 스스로 학습하고 발전하며, 자신에게 맞는 학습 방식을 찾게 됩니다.

마인드스토리의 메타인지 학습전략 과정은 자기 역량 강화 프로그램입니다. 자기 인식과 자기 이해를 강화하고, 학습 습관을 향상시키는 것을 중요한 목표로 삼습니다. 이러한 과정은 학습자들이 자신의 강점과 약점을 파악하고, 어떻게 더 효과적으로 학습할 수 있는지를 깨닫게 해줍니다. 이를 통해 학습자들은 지속적으로 성공을 추구할 수 있는 방향과 전략을 개발하게 됩니다.

마인드스토리의 메타인지 첫 번째 기본프로그램은 자기 인식 과정으로, 학습자들이 자신의 능력, 관심사, 목표, 가치관 등을 자세히 살펴보고 분석하는 과정입니다. 이를 통해 학습자들은 자신을 더 잘 이해하게 되며 자기 성장을 위한 목표를 설정하고 달성하기 위한 전략을 개발할 수 있습니다.

두 번째 기본 프로그램은 학습 역량 강화 프로그램으로, 학습 방법과 전략을 향상시키는 것을 목표로 합니다. 이 프로그램은 학습자들이 기억 전략, 시간 관리, 독해 전략 등을 개발하고 향상시키는 데 도움을 줄 것입니다. 또한 예습, 수업, 복습전략과 학습계획에 대해 자기 스스로의 역량을 향상 시키게 될 것입니다.

마인드스토리의 접근 방식은 학습자가 스스로 물음을 던지고 답을 찾는 과정에서 성장하고 발전하도록 격려합니다. 이를 통해 학습자들은 자기 주도적으로 학습하고, 미래의 성공을 위한 준비를 하며, 삶의 여러 측면에서 지속적인 성공을 찾아가는 연습을 하게 될 것입니다.

마인드스토리의 접근 방식이 기존의 수동적인 학습 방식과는 차별화되기 때문에 학습자들이 처음에는 다소 불안해하거나 조정이 필요하다고 느끼는 경우가 있습니다. 물론, 이 방법은 학습자의 능동적 참여와 자기 주도적 학습을 강조하므로, 몇 가지 도전적인 측면이 있을 수 있습니다.

학습자가 마인드스토리의 방법을 수용하고 적응하기 위해서는 몇 가지 고려할 사항이 있습니다.

1 우선 인내와 도전의 마음이 필요합니다. 기존에 진행 해 온 학습 방법이 아닌 새로운 학습 방식을 선택해야 하며 자기 주도적으로 학습해야 하기 때문에 시간과 노력이 필요할 수 있습니다. 이것은 도전일 수 있으며, 선택에 대한 불안감이 있을 수 있습니다. 하지만 어제와 똑같은 방법으로 열심히 노력한다면 어제와 같은 결과가 나오지 않겠습니까? 선택에 대한 확신과 인내심을 가지고 천천히 습득하려는 노력을 기울이는 것이 중요합니다.

2 다음으로는 자기 동기부여입니다. 학습 영역에서 메타인지 사고를 도입하듯 동기의 영역에서도 메타인지동기 다시 말하면 초동기가 필요합니다. 마인드스토리에서는 학습자가 자신의 목표와 동기부여도 스스로 관리하여야 한다는 것을 주장하고 있습니다. 스스로의 목표와 동기를 발생시킴과 동시에 지금 내가 세운 계획이 제대로 된 목표인지, 목표나 동기가 부족한 것은 아닌지에 대해 끊임없이 질문하고 유지가 잘 되고 있는지 점검하는 것이 중요합니다.

3 세 번째로는 학습전략의 지속적인 수련이 필요합니다. 대부분의 학습자들이 공부 방법을 몰라서 공부를 못하거나 동기가 부족해서 성과가 없는 것이 아닐지도 모릅니다. 인터넷이나 서점이나 유튜브에 홍수처럼 많은 정보가 넘쳐납니다. 자세히 들여다보면 그 정보는 그 말을 하는 그 사람만이 소화할 수 있는 것이거나 학습자 자신에게 맞지 않는 옷일 수도 있습니다. 메타인지 사고와 자기 주도적 학습 습관은 연습을 통해 개선됩니다. 마인드스토리의 최종의 궁극적 목표는 스스로 자신에게 맞는 학습방법을 발견하여 적용하는 것으로, 자신에게 맞는 방법으로 공부를 하여 자기가 원하는 만큼의 성과를 낼 수 있는 자기 공부방법 만들기입니다. 그러기 위해서 학습자는 지속적으로 수련하고 생각하며 경험을 쌓아 나가야 합니다.

4 마지막으로 마인드스토리에는 숙련된 전문적인 학습상담사들이 학습자 여러분을 위해 준비하고 있습니다. 효율적인 학습력 향상 외에도, 학교생활, 심리정서, 교우관계, 동기 목표 등 학습 생활 전반에 대하여 학습심리 상담을 받을 수 있습니다, 물론 마인드스토리가 아니더라도 학습자 여러분은 가족, 친구, 혹은 교사 및 여러분야 교육자의 지원과 조언을 받을 수 있습니다. 어려운 순간에 소통을 하거나, 도움을 받을 수 있는 누군가가 있다는 것은 매우 중요합니다.

무엇보다 중요한 것은 외부의 전문가가 아니라 이미 학습자 여러분의 내면에 앉아 있는 또 다른 자기 자신과 끊임없고 치열하게 의견을 나누어야 한다는 것입니다. 메타인지 기반의 자기주도학습은 자신에 대한 믿음과 자신감과 자기효능감을 필요로 합니다.

마인드스토리의 메타인지 학습은 학습자들이 스스로 학습 방식을 찾아가고 지속적인 성장을 추구하는 데 도움을 주는 자기수련과정입니다. 초기에 어려움을 겪을 수 있겠지만, 시간과 노력을 투자한 만큼의 미래를 만나기 위해 지금보다 더 나은 학습자로 성장할 수 있기를 바랍니다.

마인드스토리 학습심리상담센터 **박 종 석**

Part.1

꿈과 비전
처음, 시작

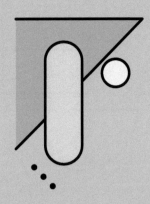

마인드스토리 기초자료

날짜   .   .   .

성명			생년월일	. .		부모님 연락처	(부,모)	-		-
전화		-	-		주소					
E-mail		@			소속			학교	학년	

가족관계

성명	관계	연령	직업	나쁨	친밀도	좋음	동거 여부
				1 2	3	4 5	O , X
				1 2	3	4 5	O , X
				1 2	3	4 5	O , X
				1 2	3	4 5	O , X

도움 희망일

| 주 몇 회 | | 희망 요일 및 시간 | 요일 | : |
| 회당 진행 시간 | | 보강 요일 및 시간 | 요일 | : |

고민만큼의 숫자에 표시합니다.

대인관계 문제		정서 문제		기타 문제	
부모와의 관계	1, 2, 3, 4, 5	불안/우울/짜증/분노	1, 2, 3, 4, 5	게임/스마트폰	1, 2, 3, 4, 5
형제와의 관계	1, 2, 3, 4, 5	고독/외로움/자살	1, 2, 3, 4, 5	이성관계	1, 2, 3, 4, 5
친구와의 관계	1, 2, 3, 4, 5	불면증/피곤/무기력	1, 2, 3, 4, 5	자기효능감	1, 2, 3, 4, 5
교사와의 관계	1, 2, 3, 4, 5	두통 및 통증	1, 2, 3, 4, 5	부적응문제	1, 2, 3, 4, 5

♥ 내 생각에 가장 먼저 처리 되어야 할 부분만큼 표시 하십시오.

1-1. 공부하는 이유	1, 2, 3, 4, 5	2-3. 자기주도학습	1, 2, 3, 4, 5	4-2. 노트필기기술	1, 2, 3, 4, 5
1-2. 학습 목표와 동기	1, 2, 3, 4, 5	3-1. 수면과 컨디션조절	1, 2, 3, 4, 5	4-3. 예습 복습 전략	1, 2, 3, 4, 5
1-3. 나의 적성과 진로	1, 2, 3, 4, 5	3-2. 잡념 없애는 방법	1, 2, 3, 4, 5	5-1. 시험계획세우기	1, 2, 3, 4, 5
2-1. 시간관리	1, 2, 3, 4, 5	3-3. 주의 집중력향상	1, 2, 3, 4, 5	5-2. 시험불안 감소전략	1, 2, 3, 4, 5
2-2. 학습계획과 실천	1, 2, 3, 4, 5	4-1. 기억력향상전략	1, 2, 3, 4, 5	5-3. 시험분석과 오답정리	1, 2, 3, 4, 5

기타 도움 받고 싶은 내용	희망진로 (대학)	희망학과

최근 학교 성적				9개월 뒤 성적			
과목	점수	등급	희망등급(%)	과목	점수	등급	희망등급(%)

어서오세요.
어떻게 오셨나요?

"내가 여기서 어느 길로 가야 하는지 가르쳐 줄래?"
"그건 네가 어디로 가고 싶은가에 달렸지."라고 고양이가 말했다.

" 아 어디로 가든 상관없어..."
엘리스가 중얼거리듯 말했다.

"그렇다면 네가 어떻게, 어디로 가든 상관 없지 않겠어?"
나무 위의 체셔 고양이가 빙글거리며 말한다.

- 루이스 캐럴의 〈이상한 나라의 앨리스〉 -

약속합니다

활동목표 마인드스토리 프로그램을 신뢰하고 수행하는 의지를 다진다.
활동방법 날짜와 서명을 기록하고 낭독 한 후 서로 신뢰를 확인한다.

나는 마인드스토리 프로그램이 진행되는 동안
다음 규칙을 준수할 것을 약속합니다.

 모임에 빠지지 않고, 제시간에 오겠습니다.

 나의 생각을 적극적으로 발표하겠습니다.

 친구의 실수나 잘못을 비난하지 않겠습니다.

 스스로 계획하고, 스스로 약속한 일은 꼭 실천하겠습니다.

 집단에서 나눈 이야기에 대해서 비밀을 지키겠습니다.

20   년   월   일

이름 _____   서명 _____

Self-Study Story I

날짜 (. . .)

활동목표 ① 목표를 설정하면 학업 성취도가 높아진다는 사실을 인식할 수 있다. ② 학습하면서 기억해야 할 것을 선별할 수 있다.
활동방법 ① 분야는 자기개발, 심리상담, 공부과목 등을 기록하고 ② 주제에는 구체적 제목을 기록한다. ③ 1~5까지 기록 후 목표한 공부를 수행한 후 ④ '6. 지금까지 공부했던 내용은 뭐야?'는 공부를 하면서 기억해야 할 것을 기억한 후 공부를 마치기 전에 개조식이나 맵핑의 형식으로 기록한다.

1. 분야		2. 주제	

3. 오늘 왜 왔니? (오늘 뭐 할거니?)

4. 왜 그걸? (그 공부를 하는 이유는 뭐야?)	5. 어떻게 할건데?

6. 지금까지 공부했던 내용은 뭐야?

7. 오늘 잘 한 것 같니? (자기점검)

5, 4, 3, 2, 1, 0	이유

8. 그래서 알게 된 건 뭐니?	9. 다음 시간엔 뭘 더 해야 할까?

Self-Study Story Ⅱ

날짜 (.   .   .   )

활동목표 ① 목표를 설정 후 공부를 하였을 때 학습 성취도가 높다는 것을 인식한다. ② 공부하면서 기억해야 할 것을 선별할 수 있다.

활동방법 ① 시작시간과 끝시간을 기록하고 ② 학습하면서 기억해야할 것을 기억한 후 ③ '4. 지금까지 공부했던 내용은 뭐야?' 시작과 끝에는 시간을 ④ 진행내용은 자신의 공부하고 있는 범위를 10분의 1로 나누어 진도를 체크하고 ⑤ 내용란에는 공부한 내용을 기억해서 기록한다.

1. 오늘 왜 왔니? (오늘 뭐 할거니?)

2. 왜 그걸? (그 공부를 하는 이유는 뭐야?)

3. 어떻게 할건데?

4. 지금까지 공부했던 내용은 뭐야?

시작 / 끝	과목(책)	진행 내용		방법	목표 이유 느낌 반성 소감
		1 2 3 4 5 6 7 8 9 0			
		1 2 3 4 5 6 7 8 9 0			
		1 2 3 4 5 6 7 8 9 0			
		1 2 3 4 5 6 7 8 9 0			
		1 2 3 4 5 6 7 8 9 0			

5. 그래서 알게 된 건 뭐니?

6. 다음 시간에 뭘 더 해야할까?

_____ 의 꿈리스트

날짜 (. . .)

☑ 진행중　■ 완료

활동목표　① 자신의 미래를 계획하고 자기에게 맞는 동기와 목표를 세울 수 있다. ② 최상의 사춘기를 보내는 방법을 알 수 있다.
활동방법　① 각각의 영역별로 항목을 기록하고 ② 기록을 토대로 이야기 나눔 활동을 수행한다.

하고 싶은 일
- [ ]
- [ ]
- [ ]
- [ ]

지금 준비해야 할 것
- [ ]
- [ ]
- [ ]
- [ ]

가보고 싶은 곳
- [ ]
- [ ]
- [ ]
- [ ]

지금 준비해야 할 것
- [ ]
- [ ]
- [ ]
- [ ]

갖고 싶은 것
- [ ]
- [ ]
- [ ]
- [ ]

지금 준비해야 할 것
- [ ]
- [ ]
- [ ]
- [ ]

되고 싶은 모습
- [ ]
- [ ]
- [ ]
- [ ]

지금 준비해야 할 것
- [ ]
- [ ]
- [ ]
- [ ]

나누고 싶은 것
- [ ]
- [ ]
- [ ]

지금 준비해야 할 것
- [ ]
- [ ]
- [ ]

비전세우기와 자기 선언

활동목표   ① 자신이 계획한 작은 목표와 훈련 방법을 기록하고 더 큰 목표를 세울 수 있다.
             ② 스스로 성취감을 높이는 방법을 깨닫고 도전할 수 있다.
활동방법   ① 각각의 영역별로 항목을 기록하고 ② 보기의 내용을 기록하면서 성취감을 높이는 방법에 대해 생각해 본다.
             ③ 기록을 토대로 자기 선언을 한 후 나눔 활동을 수행한다.

도전과제 _____

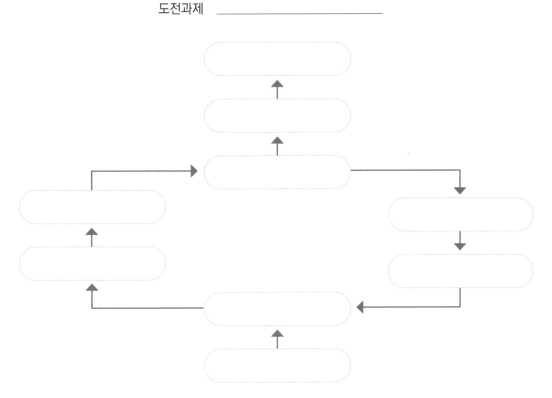

도전 분야		
시기	나는 _____ (언제까지)	

도전
과제
	_____ _____ 로서,
	   (어떠한) (직업 또는 일)
	
	_____ 에게
	    (어떤 사람들에게)	

나의 선언	_____ 사람이 되겠다. (줄 수 있는 가치와 보람을 주는)	

보기

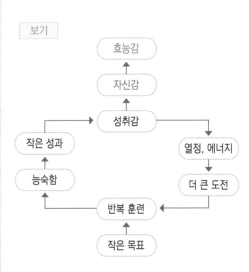

자기유형 탐구 I

날짜 (. . .)

활동목표 ① 개인의 성향 및 관심사를 파악하며, 적합한 직업이나 진로성격을 분석하여, 진로 선택과 방향성을 찾을 수 있다.
② 여러 유형의 지능 영역을 확인하여 자신의 강점과 약점을 파악하거나 각각의 능력을 최대한 발휘할 수 있는 분야를 찾을 수 있다.
활동방법 ① 각각의 영역별로 항목을 기록하고 ② 스스로 분석한 내용을 기록하여 나눔 활동을 수행한다.

유형 분야	현재의 모습	자기 해석
진로 성격		
학습 유형		
지능 유형		
일반 성격 유형		

기록 후 소감

자기유형 분석 Ⅱ

날짜 　　　. 　 . 　　.

활동목표 　① 개인의 성향 및 관심사를 파악하여 적합한 직업이나 분야를 분석하여, 진로 선택과 방향성을 찾을 수 있다.
　　　　　② 여러 영역을 확인하여 각자의 강점과 약점을 파악하여, 각각의 능력을 최대한 발휘할 수 있는 분야를 찾을 수 있다.
활동방법 　① 각각의 영역별로 항목을 기록하고 스스로 분석하여 발전적 방향을 모색한다.
　　　　　② 유형의 분야에는 심리검사 등의 종류를 기록한다. ③ 자신의 강점 영역과 약점 영역을 기록한 후 각각 보완하거나
　　　　　더 잘 할 수 있는 방법을 찾아 기록한다.

현재 목표	
유형 분야	

강점 유형 1		약점 유형 1	
영역		영역	
분석내용		분석내용	
강화방법		강화방법	
도달목표		도달목표	
구체적 실행계획		구체적 실행계획	

강점 유형 2		약점 유형 2	
영역		영역	
분석내용		분석내용	
강화방법		강화방법	
도달목표		도달목표	
구체적 실행계획		구체적 실행계획	

기록 후 소감

자기 유형 개발 훈련

날짜

활동목표 ① 현재의 목표와 상황에 맞는 개발 유형을 선택할 수 있다. ② 현재 목표에 맞는 행동수정을 계획하고 실천할 수 있다.
활동방법 ① 각각의 영역별로 항목을 기록하고 ② 스스로 분석한 내용을 기록하여 나눔 활동을 수행한다. ③ 개발 유형은 심리검사 등을 기반으로 선택한다. ④ 개발 방법과 목표는 가급적 스스로 결정한다. ⑤ 활동경험은 지난주 혹은 지난달 자기개발을 위해 활동한 경험을 기록하고 ⑥ 활동계획은 자기 목표성취를 위해 자기개발에 필요한 계획을 기록한다.

현재 목표	
개발 유형	분야
선택 이유	
개발 방법과 목표	
지난주 활동 월 일 - 월 일	
이번주 활동 월 일 - 월 일	
다음주 활동 월 일 - 월 일	

행동수정

날짜

현재 목표	
지난주 행동 수정	이번주 행동 수정

기록 후 소감

상담기록 MINDSTORY

날짜 (. . .)

활동목표 ① 활동 과정에서 느낀 점을 학습자가 기록하면서 상담의 목표와 주제에 대해 한 번 더 생각한다.
② 무엇에 대해 의견 나눔을 하고 있는지 알 수 있다.

활동방법 ① 지난 회기 상담 내용을 기록한 후, ② 당회 상담 내용을 메모하면서 상담에 참여하고
③ 상담과 기록을 완료한 이후의 자신의 소감을 적어본다.

동기 목표	공부 이유 / 학습 목표 동기 / 적성과 진로	기억 집중	잡념 / 주의집중전략 / 기억전략 / 노트필기
시간 관리	시간관리 / 학습계획과 실천 / 플래너	학습 활동	예습 복습 전략 / 자기주도 / 메타인지학습
환경 관리	수면과 컨디션조절 / 정리정돈과 인터넷	시험 활동	시험계획 / 시험불안 / 시험분석과 오답정리
정서 관리	자기효능감 / 우울 / 슬픔 / 분노 / 불안 / 짜증 / 외로움 / 불면 / 피곤 / 무기력 / 친구 / 스마트폰 / 게임 / 학교생활 등		

지난 회기 상담 내용과 활동

Mind-Story의 주제	자기 생각

상담자의 한 줄 의견

기록 후 소감

Part.2

계획과 시간관리
모험, 변화 그리고 관리

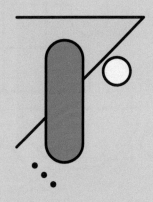

과목별 공부 현황

날짜   .   .   .

활동목표 ① 과목별 공부현황을 작성하고 학습 계획을 조정하고 변경하여 학습의 유연성을 기를 수 있다. ② 집중해야 할 과목을 명확하게 파악하고 공부시간을 분배하여, 각 과목을 균형있게 다룬다.

활동방법 ① 과목별 학습 교재를 기록하고 교재를 사용하는 목적을 기록한다. ② 모든 교재에서의 우선순위와 주간 평균 할애 시간을 기록한다. ③ '역할 수행'에는 학습한 기간과 누구로부터 도움을 받았는지 기록한다.

과목	교재명	목적	우선 순위	주간 평균시간	기간	역할 수행

활동 후 소감

과목별 학원 현황

날짜 ___ . ___ . ___

활동목표 ① 과목별 공부 현황을 작성한 후 학습 계획을 조정하고 변경하여 학습의 유연성을 기를 수 있다.
② 집중해야 할 과목을 명확하게 파악하고 공부시간을 분배하여, 각 과목을 균형있게 다룬다.

활동방법 ① 과목별 학원 현황을 기록하고 학원 선택 이유와 사용하는 교재를 기록한다.
② 주간 학원 이용 횟수를 기록하고 ③ 선택한 학원간 우선순위를 확인한다.

현재 다니고 있는 학원 과외 등					
과목	학원명	목적	교재	횟수 시간	우선 순위

최근(6개월 전)까지 다녔던 학원 과외 등				
과목	학원명	그만 둔 이유	횟수 시간	교재

활동 후 소감

프로젝트 __ 년 ____ 계획   날짜 [. . .]

활동목표 ① 정해진 기간 계획을 세워, 달성 목표를 구체화할 수 있다. ② 계획별 전략을 수립할 수 있다.
활동방법 ① 프로젝트와 그에 따른 목표를 기록하고 ② 프로젝트 달성을 위한 개별 전략을 수립한다.
③ 공부 외의 계획을 함께 기록하여 프로젝트 수행 기간의 집중도를 확인할 수 있다.

1. 프로젝트 명

2. 프로젝트 목표

3. 이번 계획의 전략

과목	학습 내용 및 도달 목표	활용 자원	예상시간	확인
				☐
				☐
				☐
				☐
				☐
				☐

4. 그밖에 계획 (공부외의 다른 계획)	예상 시기	확인
		☐
		☐
		☐
		☐

활동 후 소감

롤모델 따라하기

활동목표 ① 롤모델을 선택하고 자신의 목표에 대한 동기부여를 얻는다.
　　　　② 롤모델을 모방하고 그들이 사용하는 전략과 기술을 습득한다.
활동방법 ① 원하거나 이기고 싶은 롤모델을 선택하고 분명한 이유를 기록한다. ② 롤모델의 모습과 자신의 모습을 비교한다.

20　　　년 (　　　　　　　　　) 목표

내가 원하는 롤모델과 선택 이유	내가 이기고 싶은 롤모델과 선택 이유

롤모델의 모습	롤모델과 비교한 내 모습
1. 꿈과 목표	
①	⑪
②	⑫
2. 삶의 태도 생활 모습 가족과의 관계 등	
①	⑪
②	⑫
③	⑬
3. 학교 생활	
①	⑪
②	⑫
③	⑬

4. 쉬는 시간

① ⑪
② ⑫

5. 공부 모습

① ⑪
② ⑫
③ ⑬

6. 학원 과외

① ⑪
② ⑫
③ ⑬

7. 기타 본인이 더 알고 싶은 것

① ⑪
② ⑫
③ ⑬

활동 후 소감

고정 시간 관리

활동목표   ① 요일별로 시간을 고정된 활동 시간으로 기록하여 자신의 활동 모습을 파악할 수 있다.
           ② 고정 시간 외에 가용시간을 구분하여 휴식 시간과 공부 시간, 과제 시간 등으로 세분하여 활용할 수 있다.
활동방법   ① 가급적 상세하게 요일별 활동을 기록한다. ② 고정 시간의 합계와 가용 시간의 합계를 기록한다.
           ③ 가용시간 중에 공부에 할애하고 싶은 시간을 순공시간으로 기록한다. ④ 활동 후 소감을 적는다.

년   월   일 ~   월   일

시간	월	화	수	목	금	토	일
오전 7시							
오전 8시							
오전 9시							
오전 10시							
오전 11시							
오전 12시							
오후 1시							
오후 2시							
오후 3시							
오후 4시							

날짜 　　.　　.　　.

시간	월	화	수	목	금	토	일
오후 5시							
오후 6시							
오후 7시							
오후 8시							
오후 9시							
오후 10시							
오후 11시							
오후 12시							
오전 1시							
고정시간	시간	시간	시간	시간	시간	시간	시간
가용시간	시간	시간	시간	시간	시간	시간	시간
순시간	시간	시간	시간	시간	시간	시간	시간
활동내용							
시간							

활동 후 소감

자기 관찰 기록 20

활동목표 ① 요일과 시간의 흐름에 따라 활동하는 자신의 모습을 인식할 수 있다.
② 자신의 활동 모습을 시간관리 매트릭스에 따라 분류할 수 있다.
활동방법 ① 고정시간 관리에 나타난 활동사항 중 의미 있는 20가지를 기록한다.
② 자신의 활동 모습을 우선순위에 따라 영역(영역 1 ~ 영역 4)을 분류한다. ③ 활동 후 소감을 적는다.

번호	요일	시간	내용	영역	번호	요일	시간	내용	영역
1					11				
2					12				
3					13				
4					14				
5					15				
6					16				
7					17				
8					18				
9					19				
10					20				

활동 후 소감

자기 관찰 분석 활동

날짜   .   .   .

활동목표 ① 자신의 시간활용 모습을 살펴 활동 내용을 영역별로 구분할 수 있다. ② 시간을 잘 활용하고 있는지를 판단하고 시간을 적절하게 활용할 수 있다.

활동방법 ① 고정 시간 및 자기 관찰 기록을 토대로 활동 영역별 시간을 주 단위로 기록한다. ② 시간활용의 만족도를 구분하고 불만족스러운 부분과 저해 요인을 찾고 활용 가능한 방법을 생각해 본다. ③ 활동 후 소감을 적는다.

	활동	시간	만족	적절	저해 요인	전환 방법
기본	수면					
	식사					
	준비					
	이동					
	학교					
학습	학원					
	과외					
	마인드스토리					
	숙제					
	공부					
여가 활동	휴식					
	인적교류					
	취미					
	TV					
	스마트폰					
	종교					
	게임					
	운동					
기타						

활동 후 소감

우선순위 메트릭스 20

기간 [. . — . .]

활동목표 ① 자신의 일정을 적어 시간활용 모습을 살피고, 내용을 영역별로 구분할 수 있다.
② 활동 모습을 우선순위에 따라 구분할 수 있다.
활동방법 ① 가정 내 활동과 학교 등의 일정을 영역별로 구분하여 기록한다.
② 활동 일정을 우선순위에 맞추어 배분한다. ③ 활동 후 소감을 적고 의견을 나눈다.

활동모습

가정	학교		친구	학원	자기 공부
	공부	활동			

우선순위 메트릭스

긴급하고 중요한 일 [1영역]   긴급하지 않지만 중요한 일 [2영역]

긴급하지만 중요하지 않는 일 [3영역]   긴급하지도 중요하지도 않는 일 [4영역]

우선순위 20

활동 후 소감

전략과목 선정

날짜 (. . .)

활동목표 ① 치중해야 할 과목에 대한 우선순위를 결정할 수 있다.
② 과목별 목표와 활용자료를 정리하여 도움받을 수 있는 자원을 찾을 수 있다.

활동방법 ① 이번 시험에 가장 치중해야 할 과목을 전략 과목으로 정하고 목표와 구체적 방법을 모색한다.
② 평소 가장 취약한 과목과 스스로 주요 과목이라고 생각하는 과목을 정리해 본다.
③ 예상 시험 범위와 활용자료 및 전략을 수립 한다. ④ 활동 후 소감을 적고 의견을 나눈다.

현재 내신 성적 (　학년 　학기 　시험)

과목				
점수 / 등급				

전략과목 선정하기

순위	전략과목	과목명	목표점수(등급)	활용 자료	활용 지원
1순위	전략과목 1				
	전략과목 2				
	취약과목 1				
	취약과목 2				
2순위	주요과목 1				
	주요과목 2				

기타 과목					
점수					

예상 시험 범위

과목	예상 범위

활동 후 소감

1주일 놀기계획/공부계획 세우기

활동목표   ① 계획을 세우고 실천하는 방법이 쉽지 않다는 사실을 깨닫는다. ② 노는 것도 계획이 필요함을 알게 한다.

활동방법   ① 1주일 간의 놀이와 학습 계획을 세우고 ② 매일 실천 여부를 체크한다. ③ 주제에는 놀이활동이나 학습의 과목 등을 적는다. ④ 확인란에는 시작 시간과 끝 시간을 기록한다.

주제	놀기계획 (월 일)	확인	주제	공부계획 (월 일)	확인

주제	놀기계획 (월 일)	확인	주제	공부계획 (월 일)	확인

주제	놀기계획 (월 일)	확인	주제	공부계획 (월 일)	확인

활동 후 소감

날짜 (.   .   .   )

주제	놀기계획 (월 일)	확인	주제	공부계획 (월 일)	확인

주제	놀기계획 (월 일)	확인	주제	공부계획 (월 일)	확인

주제	놀기계획 (월 일)	확인	주제	공부계획 (월 일)	확인

주제	놀기계획 (월 일)	확인	주제	공부계획 (월 일)	확인

학습 로드맵

날짜 [. . .]

활동목표 ① 특정 기간 활용 가능한 공부 시간을 파악할 수 있다. ② 특정 기간 동안 학습할 분량의 과제와 목표를 정한다.

활동방법 ① 고정 시간 조사 자료를 통해 공부 가능 시간을 조사한다.
② 과목별 교재에서 학습해야할 학습량을 소단원(중단원) 중심으로 기록한다.
③ 할당 시간과 하루 목표를 정한 후 학습 날짜와 요일을 지정한다. ④ 활동 후 소감을 적고 의견을 나눈다.

공부 가능 기간	년 월 일 - 월 일								목표 등수 / 등급	
	월	화	수	목	금	토	일	계	전체 과목 목표 점수	
가용 시간										
공부 시간									전략 과목 목표 점수	

과목	학습내용 (교재명)	학습량 (중/소/쪽)	할당시간	하루 목표	학습 날짜 / 요일

그밖에 공부 외의 계획과 메타인지

계획	예상 시기		
		중점 점검 사항	
		달성 전략	
		내가 버려야 할 것들	

활동 후 소감

월간 계획 세우기

날짜

활동목표 ① 월간 필요 학습 내용을 요일별로 분산 배치한다. ② 학습 기간 동안 고려해야 할 사항을 알 수 있다.
활동방법 ① 학습 로드맵을 참고로 필요 학습 분량을 날짜와 요일에 맞추어 분산 배치한다.
② 학습 주간에 발생할 일이나 점검해야 할 사항은 기록한다. ③ 기록 후 소감을 적고 의견을 나눈다.

월		화		수		목		금		토	
월	일	월	일	월	일	월	일	월	일	월	일
주간 점검											
월	일	월	일	월	일	월	일	월	일	월	일
주간 점검											
월	일	월	일	월	일	월	일	월	일	월	일
주간 점검											
월	일	월	일	월	일	월	일	월	일	월	일
주간 점검											
월	일	월	일	월	일	월	일	월	일	월	일
주간 점검											

활동 후 소감

일일 학습 계획

활동목표

① 주간 필요 학습 내용을 날짜에 맞추어 분산 배치한다.
② 학습 기간동안 발생 가능한 사항과 고려해야 할 사항을 알 수 있다.

~~~~~~~~~~~~~~~~~~~~~~

활동방법

① 학습 로드맵과 월간 학습 계획을 참고로 필요 학습 분량을 날짜와 요일에 맞추어 분산 배치한다.
② 예습 필기 등 생활 모습은 영역별로 1점에서 5점까지 스스로 만족도를 기록한다.
③ 과목의 작은 칸에 과목을 기록한 후 작은 칸 아래에는 학습 당일에 실행 순서를 정하여 기록한다.
④ 내용은 가급적 구체적으로 소제목까지 기록한다.
⑤ 체크란의 위쪽에는 시작 시간을, 아래쪽에는 끝 시간을 기록한다.
⑥ Meta 란에는 공부 후 마무리하면서 느낌, 다짐, 각오, 소감 등을 기록한다.

_____ 월 _____ 일 일요일

학습 태도	예습	필기	복습	이해	기억	미디어

과목	내용	✓

Meta

_____ 월 _____ 일 월요일

학습 태도	예습	필기	복습	이해	기억	미디어

과목	내용	✓

Meta

_____ 월 _____ 일 화요일

학습 태도	예습	필기	복습	이해	기억	미디어

과목	내용	✓

Meta

_____월 _____일 수요일

학습 태도	예습	필기	복습	이해	기억	미디어

과목	내용	✓

Meta

_____월 _____일 목요일

학습 태도	예습	필기	복습	이해	기억	미디어

과목	내용	✓

Meta

_____월 _____일 금요일

학습 태도	예습	필기	복습	이해	기억	미디어

과목	내용	✓

Meta

_____월 _____일 토요일

학습 태도	예습	필기	복습	이해	기억	미디어

과목	내용	✓

Meta

Part.3

학습전략
이해, 파악의 기술

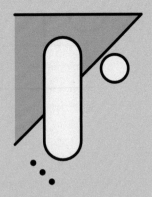

샘플자료·활용영상

Self-Study Story

날짜 (. . .)

활동목표 ① 목표를 설정하면 학업 성취도가 높아진다는 사실을 인식할 수 있다. ② 학습하면서 기억해야 할 것을 선별할 수 있다.
활동방법 ① 분야는 자기개발, 심리상담, 공부과목 등을 기록하고 ② 주제에는 구체적 제목을 기록한다. ③ 1~5까지 기록 후 목표한 공부를 수행한 후 ④ '6. 지금까지 공부했던 내용은 뭐야?'는 공부를 하면서 기억해야 할 것을 기억한 후 공부를 마치기 전에 개조식이나 매핑의 형식으로 기록한다.

1. 분야		2. 주제	

3. 오늘 왜 왔니? (오늘 뭐 할거니?)

4. 왜 그걸? (그 공부를 하는 이유는 뭐야?)	5. 어떻게 할건데?

6. 지금까지 공부했던 내용은 뭐야?

7. 오늘 잘 한 것 같니? (자기점검)

5, 4, 3, 2, 1, 0	이유	

8. 그래서 알게 된 건 뭐니? 다음 시간엔 뭘 더 해야 할까?

교과서 구조정리 Ⅰ

날짜 [.   .   .]

활동목표 ① 교과서의 구성원리를 조사하여 저자의 의도를 파악한다. ② 교과서의 내용구조를 인식하여 스스로 공부방법과 교수자의 의도를 파악할 수 있다.

활동방법 ① 교과 구성 구조는 구조 제목과 함께 내용을 요약하여 정리한다. ② 교과 내용구조는 교과서의 반복되거나 반복되지 않는 모든 패턴을 조사하고 각각 어떤 의도로 사용되고 있는지 적어본다. ③ 1단원과 2단원의 패턴을 조사하면서 유사성과 상이성을 활동 소감으로 적는다.

전반부	내용	쪽수
표지와 속표지		
머리말		
구성과 특징		
차례		
( )		
( )		

후반부	내용	쪽수
정답표		
자료출처		
탐구활동지		
찾아보기		
실험과 안내		
( )		
( )		
집필자		

교과서 구조정리 ⅠⅠ

날짜

1단원					
제목	내용	쪽수	제목	내용	쪽수

2단원					
제목	내용	쪽수	제목	내용	쪽수

활동 후 소감

_____ 과목 목차 정리

활동목표 ① 과목별 학습 구성을 이해하고 저자의 의도를 파악 할 수 있다. ② 단원별 학습목표를 찾을 수 있다.

활동방법 ① 교과서의 목차와 소단원을 조사하여 기록한다.

② 각각의 단원명을 자신의 언어로 짧게 바꾸거나 의문문의 형식으로 바꾸어 정리한다.

③ 기록 후 소감과 의견을 나누어 본다.

출판사 _____   저자 _____

1. 대단원	1. 대단원 이름 바꾸기
1) 중단원	1) 중단원 이름 바꾸기
(1) 소단원	(1) 소단원 이름 바꾸기
(2) 소단원	(2) 소단원 이름 바꾸기

7회독 교과개념 ____ 번째

활동목표 ① 과목별 교과서에 나타난 개념어와 용어를 구분할 수 있다. ② 필요한 개념어 및 용어를 조사하여 암기한다.
활동방법 ① 교과서 페이지에 따라 개념어를 조사하고 개념을 교과서에서 찾아 기록한다. ② 설명할 수 없는 용어는 국어사전을 찾아 내용을 기록한다. ③ 조사한 내용을 기억한 후 '단어 Ⅱ'에서 스스로 확인한다. ④ 기억 후 또는 학교 수업을 듣고 난 이후의 소감을 나눈다.

과목 _____ 단원 _____

위치	단어 Ⅰ	개념	단어 Ⅱ

위치	단어 I	개념	단어 II

인문학 탐구 _____ 번째

날짜 (.   .   .   )

활동목표 ① 채근담, 인문학탐구 등 짧은 다이제스트북을 읽고 글쓴이가 의도한 내용을 짐작할 수 있다. ② 원전을 접하여 내용을 깊이 탐독하여 저자와의 소통을 시도할 수 있다.

활동방법 ① 독서 대상을 선택하고 저자를 이해한다. ② 원전을 조사하여 큰 틀에서 저자의 의도를 살핀다. ③ 저자와의 소통을 위해 스스로 글에 의미를 부여하고 자신만의 방식으로 요약한다. ④ 기록 후 소감을 적고 의견을 나눈다.

1. 글쓴이 이름	
2. 인물탐구	
3. 제목	
4. 원전탐구	
5. 선택	
1) 왜 이걸? 무얼 기대하고 선택한 거야?	
2) 무슨 말을 하려고 했던 걸까?	
3) 제목을 새로 정해 본다면?	
6. 내용	
1) 이야기의 시작 시작하는 말은 어떻게 했었어? (이야기의 시작은 어떤 의미인거야?)	
2) 이야기 마무리 어떻게 이야기를 끝마쳤지? (어떤 의미로 이야기를 마쳤지?)	
3) 내용을 요약해 보자	

7. 깨달았거나 새로 알았거나? 어떤 느낌이었어?

8. 그래서 뭐? 와는 어떤 관계가 있다는 거야?

서술형 탐구 _____ 번째

날짜 (　　.　　.　　)

활동목표 ① 과목별 교과서에 나타난 개념 중에서 핵심 아이디어를 별도로 구분할 수 있다. ② 서·논술형 평가를 대비한 개념을 구분할 수 있다.

활동방법 ① 교과 내용에서 탐구할 내용을 선택하여 ② 내용과 위치를 기록한다. ③ 탐구 내용을 보고 우선 떠오르는 단어 5가지를 찾아 '관계 개념 5'에 기록한다. ④ '관계 개념 5'를 탐구 내용을 포함하여 한줄의 짧은 글을 지어본다. ⑤ 교과 개념을 찾아 기록한 후 ⑥ 온라인이나 백과사전을 참조하여 내용을 추가한다. ⑦ 조사한 결과를 토대로 자신만의 방식으로 제목을 바꾸고 내용을 7단어 이내의 개념으로 나눈 다음 서술요약을 해 본다. ⑧ 활동 후의 소감을 나눈다.

정리일자	.　　.	과목		자기점검	1, 2, 3, 4, 5
탐구 내용			대단원 / 중단원 / 소단원 제목		

내용 정리

관계 개념 5	
한줄 개념	
교과 개념	
보충 내용	

제목 _____

서술 요약	

활동 후 소감

_____ 과목 중단원 예습 절차

활동목표 ① 과목별 교과서에서 중단원 학습 목표와 전체의 맥락을 파악할 수 있다.
② 스스로 잘 알고 있는 내용과 잘 알지 못하는 내용을 구분할 수 있다.
활동방법 ① 중단원 대단원의 학습 목표를 정리하고 파악한다.
② 중단원의 제목을 살펴 정리하고 학습 목표를 찾는다. ③ 본문 외의 자료를 찾아 정리한다.

중단원 _____

1. 단원 제목과 오늘 공부할 중단원 제목을 적어보자.

1) 대단원 :

2) 중단원 :

2. 해당 중단원 제목의 학습 목표를 자신이 이해한 대로 적어보자.

1)

2)

3)

4)

5)

3. 해당 중단원 제목의 내용을 읽어보면서 핵심 내용을 소제목 중심으로 정리해 보자.

1)

2)

3)

4)

5)

4. 해당 중단원 제목에 속한 자료들을 읽어보고 탐구활동과 같은 질문에 답을 간단하게 정리해 보자.

1)

2)

3)

4)

5)

5. 중단원 정리의 핵심을 자신의 언어로 간단하게 정리해 보자.

1)

2)

3)

4)

5)

6. 수업 시간에 더 알았으면 하는 내용을 질문 형식으로 정리해 보자.

1)

2)

3)

4)

5)

_____ 과목 소단원 예습 절차

활동목표 ① 과목별 교과서에서 소단원 학습 목표와 전체의 맥락을 파악할 수 있다.
② 스스로 잘 알고 있는 내용과 잘 알지 못하는 내용을 구분할 수 있다.
활동방법 ① 중단원 대단원의 학습 목표를 정리한다. ② 소단원을 주독하면서 핵심 내용을 정리한다.
③ 본문 외의 자료를 찾아 정리한다.

소단원 _____

1. 단원 제목과 오늘 공부할 소단원 제목을 적어보자.

1) 대단원 :

2) 중단원 :

3) 소단원 :

2. 해당 소단원 제목의 학습 목표를 자신이 이해한 대로 적어보자.

1)

2)

3)

4)

5)

3. 해당 소단원 제목의 내용을 읽어보면서 핵심 내용을 소제목 중심으로 정리해 보자.

1)

2)

3)

4)

5)

4. 해당 소단원 제목에 속한 자료들을 읽어보고 탐구활동과 같은 질문에 답을 간단하게 정리해 보자.

1)

2)

3)

4)

5)

5. 소단원 정리의 핵심을 자신의 언어로 간단하게 정리해 보자.

1)

2)

3)

4)

5)

6. 수업 시간에 더 알았으면 하는 내용을 질문 형식으로 정리해 보자.

1)

2)

3)

4)

5)

노트 정리 방법

활동목표 ① 코넬노트 방식을 이해한다. ② 키워드를 활용한 공부 방법을 이해할 수 있다.
활동방법 ① 노트 정리를 한다. ② 키워드를 찾아 기록한다. ③ 주기적으로 반복 확인을 한다.

수업 Talk 핵심 Talk ___ 번째

날짜

| 활동목표 | ① 선생님의 수업을 들으면서 교수자의 의도를 파악할 수 있다. ② 수업 내용을 보면서 시험문제를 예상할 수 있다. |
| 활동방법 | ① '오늘의 메타인지'에 자신의 메타인지 활동의 경험을 기록하여 자신을 응원한다. ② '과목'에는 학교 수업 과목명을 기록하고 ③ '수업참여도'에는 5점 만점에서 주고 싶은 만큼의 점수를 색칠하고 이유을 기록한다. ④ '수업톡 핵심톡'은 수업내용보다는 수업 중 요점과 출제 예상 내용을 기록한다. |

오늘의 메타인지	

과목	수업 Talk , 핵심 Talk
수업참여도 ○ ○ ○ ○ ○	
반성 (이유)	

과목	수업 Talk , 핵심 Talk
수업참여도 ○ ○ ○ ○ ○	
반성 (이유)	

과목	수업 Talk , 핵심 Talk
수업참여도 ○ ○ ○ ○ ○	
반성 (이유)	

과목	수업 Talk , 핵심 Talk
수업참여도 ○ ○ ○ ○ ○	
반성 (이유)	

과목	수업 Talk , 핵심 Talk
수업참여도 ○ ○ ○ ○ ○	
반성 (이유)	

교과 위계도 I

활동목표 ① 해당 학습 내용이 전체 과정에서 어디에 위치한 것인지를 파악할 수 있다. ② 교과 학습의 순서를 이해할 수 있다.
활동방법 ① 소단원 중심의 학습을 선택하여 목차 구조를 정리한다. ② 단원 정리 및 교과 주변부를 정리한다.
③ 뒷면의 '교과 위계도 II'에 소단원 본문 내용을 요약한다.

소단원 _____

3. 대단원 (큰할아버지)	3. 대단원 (할아버지)	3. 대단원 (작은할아버지)

2. 중단원 (큰아버지)	2. 해당 중단원 (아버지)	2. 중단원 (작은아버지)

1. 소단원 (형)	1. 오늘 공부 소단원 (나)	1. 소단원 (동생)

4. 단원 정리	
5. 소단원 학습목표 요약	
6. 주변부 정리	

7. 교과요약 (뒷면)

교과 위계도 Ⅱ 교과 본문 요약

---

7. 교과 본문 요약

교과 위계도 Ⅲ 생각대로 적어보기

활동목표 ① 해당 학습 내용이 전체 과정에서 어디에 위치한 것인지를 파악할 수 있다. ② 교과 학습의 순서를 이해할 수 있다.
활동방법 ① 소단원 중심의 학습을 선택하여 목차 구조를 정리한다.
② 기억된 내용을 자신만의 방식으로 자유롭게 펼쳐 표현해 본다.

생각대로 적어보기

백지노트

마인드스토리 메타인지 워크북

활동목표 ① 해당 학습 내용이 전체 과정에서 어디에 위치한 것인지를 파악할 수 있다.
② 학습 내용을 기억하여 표현 할 수 있다.
활동방법 ① 해당 학습 단위와 범위를 기록한다. ② 기억된 내용을 가급적 개조식의 형식으로 기록한다.

주제 / 범위	내용

백지노트 수정

활동목표 　 ① 해당 학습 내용이 전체 과정에서 어디에 위치한 것인지를 파악할 수 있다. ② 학습 내용을 기억하여 표현할 수 있다.
활동방법 　 ① 해당 학습 단위와 범위를 기록한다. ② 기억된 내용을 가급적 개조식의 형식으로 기록한다.
　　　　　 ③ 전단계의 백지 노트를 살펴서 첨가나 삭제 부분을 점검하고 수정, 보완할 부분을 점검한다.

주제 / 범위	내용

개념도 I

활동목표   ① 해당 학습 내용이 전체 과정에서 어디에 위치한 것인지를 파악할 수 있다.
          ② 학습 내용을 기억하여 그림이나 개념어 위주로 표현할 수 있다.
활동방법   ① 해당 학습 단위와 범위를 기록한다. ② 기억된 내용을 가급적 개념도 형식으로 기록한다.
          ③ 핵심개념을 기억된 위계 단위로 기록하고 각각의 단위를 개념도의 형식으로 기록한다.

주제 / 범위	내용
핵심개념	

개념도 Ⅱ

활동목표   ① 해당 학습 내용이 전체 과정에서 어디에 위치한 것인지를 파악할 수 있다.
          ② 학습 내용을 기억하여 그림이나 개념어 위주로 표현할 수 있다.

활동방법   ① 해당 학습 단위와 범위를 기록한다. ② 기억된 내용을 가급적 개념도 형식으로 기록한다.

Part.4

시험전략
뜻밖의 도전, 몰입

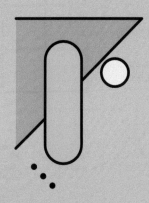

시험 계획 세우기

날짜 (.   .   )

활동목표 ① 일정과 학습량을 고려하여 시험 계획을 세울 수 있다. ② 자신의 역량을 고려하여 시험 계획을 세울 수 있다.
활동방법 ① 예상 시험 일자와 예상 범위를 정하고 시험 성격에 맞는 교재를 선정하여 학습 해야할 소단원 분량을 기록한다.
② 시험 일자와 시험 범위가 결정되면 예상 내용을 가감하여 과목 배치를 수정한다. ③ 내용 기록 후 의견을 나눈다.

| 시 험 일 | 예상일자 | . | . | 확정일자 | . | . |

시험 준비						
과목	교재		개	과목	교재	개

활동 후 소감

＿＿＿＿＿ 시험 계획 로드맵

활동목표 ① 특정 기간 활용 가능한 공부 시간을 파악할 수 있다. ② 특정 기간 동안 학습할 분량의 과제와 목표를 정한다.
활동방법 ① 고정 시간 조사 자료를 통해 공부 가능 시간을 조사한다.
② 과목별 교재에서 학습해야할 학습량을 소단원(중단원) 중심으로 기록한다.
③ 할당 시간과 하루 목표를 정한 후 학습 날짜와 요일을 지정한다. ④ 활동 후 소감을 적고 의견을 나눈다.

공부 가능 기간			년 월 일 – 월 일						목표 등수 / 등급	
	월	화	수	목	금	토	일	계	전체 과목 목표 점수	
가용 시간										
공부 시간									전략 과목 목표 점수	

과목	학습내용 (교재명)	학습량 (중/소/쪽)	할당시간	하루 목표	학습 날짜 (요일)
		/ /			
		/ /			
		/ /			
		/ /			
		/ /			
		/ /			

그밖에 공부 외의 계획과 메타인지

계획	예상 시기		
		중점 점검 사항	
		달성 전략	
		내가 버려야 할 것들	

활동 후 소감

_____ 시험 공부 과목 배치표

활동목표	① 1개월 전 시험계획을 수립함으로써 목표와 방향을 분명하게 한다.
	② 일정과 학습량을 고려하여 시험 계획을 세울 수 있다. ③ 자신의 역량을 고려하여 시험 계획을 세울 수 있다.
활동방법	① 해당 시험의 실현 가능한 목표를 수립한다. ② 시험 예정일을 역산하여 요일과 날짜를 기록한다.
	③ 각 날짜마다 시험공부 과목을 기록해 본다.

목표 _____

요일							
날짜	/ D-28	/ D-27	/ D-26	/ D-25	/ D-24	/ D-23	/ D-22
날짜	/ D-21	/ D-20	/ D-19	/ D-18	/ D-17	/ D-16	/ D-15
날짜	/ D-14	/ D-13	/ D-12	/ D-11	/ D-10	/ D-9	/ D-8
날짜	/ D-7	/ D-6	/ D-5	/ D-4	/ D-3	/ D-2	/ D-1

활동 후 소감

＿＿＿＿＿ 시험 내용 분석

활동목표　① 시험 종료 후 시험지를 보면서 출제자의 의도를 파악할 수 있다. ② 시험 종료 후 시험지를 보면서 교수자의 수업 의도를 파악할 수 있다. ③ 시험 종료 후 시험지를 보면서 다음 시험문제를 예측할 수 있다.

활동방법　① 과목별 문항을 살펴 문제 내용을 요약하여 기록한다. ② 시험 문제 내용의 출처와 교과 위계를 기록한다. ③ '비고'에는 정오를 기록할 수 있다. ④ 내용 기록 후 의견을 나눈다.

과목 ＿＿＿＿＿＿＿＿＿　시험 ＿＿＿＿＿＿＿＿＿　시험 일자 ＿＿＿ 월 ＿＿＿ 일

문항	문제 내용	출처	출제 소단원, 위치영역	비고

문항	문제 내용	출처	출제 소단원, 위치영역	비고

활동 후 소감

과목별 시험 경향 분석

날짜 |　　.　　.　　.　|

활동목표　① 시험 종료 후 시험지를 보면서 시험 경향을 파악할 수 있다.
　　　　　　② 시험 종료 후 시험지를 보면서 앞으로 어떤 방법으로 학습해야 할지 알 수 있다.
활동방법　① 과목별 경향을 분석하여 기록한다. ② 경향에 따른 학습 방법을 계획한다. ③ 내용 기록 후 의견을 나눈다.

과목	경향분석	학습 방법 및 계획

활동 후 소감

시험 종합 분석

날짜 (.   .   .)

활동목표 ① 시험 종료 후 시험지를 보면서 출제자의 의도를 파악할 수 있다. ② 시험 종료 후 시험지를 보면서 교수자의 수업 의도를 파악할 수 있다. ③ 시험 종료 후 시험지를 보면서 다음 시험문제를 예측할 수 있다.

활동방법 ① 과목별 문항을 살펴 문제 내용을 요약하여 기록한다. ② 시험 문제 내용의 출처와 교과 위계를 기록한다. ③ 내용 기록 후 의견을 나눈다.

과목	목표	점수	이번 시험에서 잘 한 점	이번 시험에서 잘못 한 점

활동 후 소감

마인드스토리 ● 메타인지 워크북

Part.5

학습 열쇠
생각, 끊임없는
깨달음을 만들다

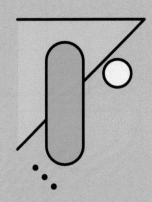

Magic Number 7 50단어 기억훈련

활동목표 ① Magic Number 7의 의도를 이해할 수 있다. ② 기억의 원리에 대해 이해하고 학습에 적용할 수 있다.
활동방법 ① 5분 동안 전차 시 기억훈련 내용을 회상하여 기록한다. ② 기억하기 전에 주제, 회상 단계, 예상갯수 등을 임의로 결정한다. ③ 7분 동안 기억한 단어를 순서에 맞추어 기록한다. ④ 모든 칸을 기록하지 못할 경우 5분의 기억 시간을 사용 후 다시 기록한다.

Magic Number 7 50단어 기억훈련 Ⅰ						
주제 :			기억 : 단계	예상갯수 : 개	기억일자 : 월	일
1	8	15	22	29	36	43
2	9	16	23	30	37	44
3	10	17	24	31	38	45
4	11	18	25	32	39	46
5	12	19	26	33	40	47
6	13	20	27	34	41	48
7	14	21	28	35	42	49

Magic Number 7 50단어 기억훈련 Ⅱ						
주제 :			기억 : 단계	예상갯수 : 개	기억일자 : 월	일
1	8	15	22	29	36	43
2	9	16	23	30	37	44
3	10	17	24	31	38	45
4	11	18	25	32	39	46
5	12	19	26	33	40	47
6	13	20	27	34	41	48
7	14	21	28	35	42	49

날짜   .   .   .

활동목표   ① Magic Number 7의 의도를 이해할 수 있다. ② 기억의 원리에 대해 이해하고 학습에 적용할 수 있다.

활동방법   ① 5분 동안 전차 시 기억훈련 내용을 회상하여 기록한다. ② 기억하기 전에 주제, 회상 단계, 예상갯수 등을 임의로 결정한다. ③ 7분 동안 기억한 단어를 순서에 맞추어 기록한다. ④ 모든 칸을 기록하지 못할 경우 5분의 기억 시간을 사용 후 다시 기록한다.

Magic Number 7 50단어 기억훈련 I

주제 :			기억 :	단계	예상갯수 :	개	기억일자 :	월	일
1	8	15	22	29	36		43		
2	9	16	23	30	37		44		
3	10	17	24	31	38		45		
4	11	18	25	32	39		46		
5	12	19	26	33	40		47		
6	13	20	27	34	41		48		
7	14	21	28	35	42		49		

Magic Number 7 50단어 기억훈련 II

주제 :			기억 :	단계	예상갯수 :	개	기억일자 :	월	일
1	8	15	22	29	36		43		
2	9	16	23	30	37		44		
3	10	17	24	31	38		45		
4	11	18	25	32	39		46		
5	12	19	26	33	40		47		
6	13	20	27	34	41		48		
7	14	21	28	35	42		49		

날짜 [. . .]

활동목표 ① Magic Number 7의 의도를 이해할 수 있다. ② 기억의 원리에 대해 이해하고 학습에 적용할 수 있다.

활동방법 ① 5분 동안 전차 시 기억훈련 내용을 회상하여 기록한다. ② 기억하기 전에 주제, 회상 단계, 예상갯수 등을 임의로 결정한다. ③ 7분 동안 기억한 단어를 순서에 맞추어 기록한다. ④ 모든 칸을 기록하지 못할 경우 5분의 기억 시간을 사용 후 다시 기록한다.

Magic Number 7 50단어 기억훈련 Ⅰ

주제 :			기억 :	단계	예상갯수 :	개	기억일자 :	월	일
1	8	15	22		29		36	43	
2	9	16	23		30		37	44	
3	10	17	24		31		38	45	
4	11	18	25		32		39	46	
5	12	19	26		33		40	47	
6	13	20	27		34		41	48	
7	14	21	28		35		42	49	

Magic Number 7 50단어 기억훈련 Ⅱ

주제 :			기억 :	단계	예상갯수 :	개	기억일자 :	월	일
1	8	15	22		29		36	43	
2	9	16	23		30		37	44	
3	10	17	24		31		38	45	
4	11	18	25		32		39	46	
5	12	19	26		33		40	47	
6	13	20	27		34		41	48	
7	14	21	28		35		42	49	

마인드스토리 문해력

날짜 　.　　.　　.

활동목표 ① 마인드스토리 문해력을 연습하면서 문해력의 필요성과 중요성을 인식할 수 있다. ② 텍스트를 이해하고 분석하는 능력을 기른다. ③ 문장 구조와 핵심 내용을 찾을 수 있다.

활동방법 ① 예시에 따라 자료를 읽고 읽은 시간, 모르는 단어와 개념어가 몇 개인지 기록한다. ② 자료를 예시된 방법으로 읽고 문제에 답을 기록한다.

자신이 공부하는 부분의 글을 ① 한눈에 들어오는 만큼 사선(/)을 치고, ② 모르는 낱말에 동그라미(○), ③ 핵심어에는 네모(□), ④ 핵심어를 설명하는 중요한 문장에 밑줄, ⑤ 제목을 설명하는 부분에 두줄 밑줄을 치면서 읽은 후 다음 활동을 합니다.

주제 [   ]

예시　　　몸의 건강은 우리가 생활하는 데 매우 중요하다. 몸이 건강하지 않으면 우리는 공부도 할 수 없고, 운동도 할 수 없다. 몸이 건강 하려면 어떻게 해야 할까?
　　　첫째, 규칙적으로 운동을 하여야 한다. 운동을 규칙적으로 꾸준히 하면 살도 찌지 않을 뿐 아니라, 밥도 잘 먹게 된다. 그러면 당연히 몸도 튼튼해진다.
　　　둘째, 음식을 골고루 먹어야 한다. 우리 몸은 여러 가지 영양소를 골고루 먹어야 한다. 편식을 하면 필요한 영양소가 모자라 몸이 약해진다.

본문 글자 수	255자	읽은 시간	초	모르는 단어 갯수	개	개념어 갯수	개

1. 이 글은 몇 개의 내용(문단)으로 나누어졌나요?

2. 각 내용(문단)의 중요한 문장은 무엇인가?

　　1문단 :

　　2문단 :

　　3문단 :

3. 가장 중요한 내용은 어디에 있나요?

　　① 앞 부분에　　② 중간 부분에　　③ 끝 부분에

4. 주제는 무엇인가?

5. 내용에 알맞은 글의 제목을 붙여보세요.

메타인지 사고 분석

날짜   .   .   .

활동목표 ① 타인의 고민을 통해 자신의 메타인지 사고 역량을 기를 수 있다. ② 타인에게 고민 방법을 해결해주는 과정에서 자신의 감정, 생각, 행동을 인식하고 조절하는 역량을 키운다.

활동방법 ① 자료에 나타난 내담자의 고민 중에서 궁극의 목표를 추론하여 기록한다. ② 내담자의 현재의 상황을 분석하고 무엇을 먼저 해결해야 하는지를 생각한다. ③ 내담자의 고민을 해결해 줄 구체적 해결책을 내용과 방법으로 나누어 제시한다. ④ 자신이 제시한 방법에 대해 스스로 평가를 한다. ⑤ 기록 후 의견을 나눈다.

공부 상담실

숙제와 공부는 다른 걸까요?

곧 중3 올라갑니다. 요즘 늦게까지 공부를 하는데도 성적이 오르지 않습니다. 아니, 늦게까지 공부를 한다기보다는 숙제를 한다는 게 맞겠네요. 학원 숙제가 엄청 많은 것 같지는 않은데 숙제 하다보면 너무 늦은 시간이고 또 체력도 지쳐서 다른 공부를 할 수가 없어요.

숙제를 완벽하게 하고 싶은 마음도 있고, 뭐 숙제 하나를 끝내려면 아무튼 시간이 오래 걸려요. 숙제가 아닌 여유있게 예습 복습도 하고 싶고 이것저것 문제집도 풀고 싶고 욕심은 많은데 시간관리를 못하는 것 같아요. 그래서인지 성적이 오르지 않습니다.

목표		
문제 해결 과정		내용
문제 인식	현재 상황	
	해결 문제	
해결책 탐색	실행 내용과 방법	
평가	장점	
	단점	

마인드 스토리

① 숙제와 공부를 구분하다 보면, 숙제는 귀찮은 것이 됩니다. 또한 숙제하느라 공부를 못 한다는 불안감이 커져, 어느 것 하나 제대로 건질 수 없습니다.

② 이왕 숙제를 해야 하는 상황이라면 인정하는 마음으로, 숙제의 의도가 무엇인지 파악하고 내 공부를 챙기는 마음으로 집중하면 좋겠습니다.

자기과제 발표 _____ 번째

활동목표 ① 매일 스스로 과제를 부여하고 스스로 수행하는 역량을 기른다. ② 내용, 분량, 방법을 스스로 결정하고 조정한다..

활동방법 ① 공부 수행 사항을 아래 표에 기록한다. ② 제시된 각각의 영역에 내용을 요약한다.
③ 매주 일정한 시간을 정해 발표하는 기회를 만든다. ④ 활동 후 소감을 적는다.

교육 정보 탐구	7회독 개념	서술형 탐구	중단원 예습	소단원 예습	노트 정리
위계도 - I	위계도 - II	위계도 - III	개념도 - I	개념도 - II	수업톡 핵심톡

구분		활동	내용 요약
정보	교육 정보 탐구		
예습	7회독 교과개념		
	서술형 탐구		
	중단원 예습		
	소단원 예습		
수업	노트 정리		

(사)가르치는사람들 Corp All Rights Reserved T.1551-5874

날짜 [.   .   .]

구분	활동	내용 요약
복습 위계도 - I		
위계도 - II		
위계도 - III		
개념도 - I		
개념도 - II		
습관 수업톡 핵심톡		

활동 후 소감

교육 정보 탐구 _____ 번째

날짜 (. . .)

활동목표 ① 새롭게 바뀌는 교육의 방향을 자신의 눈높이에서 해석하고 이해할 수 있다. ② 교육 정보 및 학습전략의 습득이 자신의 학습력향상에 유용함을 인식한다.

활동방법 ① 탐구 분야와 주제를 기록한다. ② 조사하게 된 이유와 출처를 기록한다. ③ 조사 내용을 서술식 혹은 개조식으로 기록한다. ④ 기록 정리한 내용을 3줄 이내로 요약 정리한다. ⑤ 기록 후 의견을 나눈다.

분야	
주제	
출처	
조사 이유	

내용 정리

세줄 개념	

활동 후 소감

Magic Number 7 기억훈련 자료

활동목표 ① Magic Number 7의 의도를 이해할 수 있다. ② 기억의 원리에 대해 이해하고 학습에 적용할 수 있다.
활동방법 ① 기억하기 전에 제목, 예상, 기억갯수 등을 임의로 결정한다. ② 아래 예시 단어를 7분 동안 기억한 다음, Magic Number 7 기억훈련지에 순서에 맞추어 기록한다. ③ 모든 칸을 기록하지 못할 경우 5분의 기억시간을 사용 후 다시 기록한다.

1-1 예시단어

주제 : 독립운동

1	자명종	8	영토	15	미완성	22	돌	29	보석	36	생활	43	무화과
2	바구니	9	식량	16	미용실	23	기차	30	맨발	37	탁자	44	구름
3	빈곤	10	교과서	17	실	24	군악대	31	표범	38	진흙길	45	헬멧
4	도깨비	11	저울	18	싱그러운	25	두꺼비	32	목사	39	환경권	46	무당벌레
5	치맛감	12	권총	19	골무	26	짚신	33	애절한	40	상식	47	다국적
6	접동새	13	인물	20	밀수	27	매트	34	의문	41	과로	48	먹구름
7	방독면	14	상인	21	퇴치	28	주방	35	도사	42	환영	49	월계수

1-2 예시단어

주제 : 희망시대

1	엄마	8	체중계	15	얼음장	22	서점	29	야만적	36	천부적	43	기와
2	다리	9	머리카락	16	한강	23	꽃밭	30	전자거래	37	경제 협력	44	송곳
3	약국	10	샤워	17	불공정	24	식기세척기	31	고구마	38	밀실	45	쇠사슬
4	인구	11	확립	18	낙천적	25	하늘	32	변장	39	불화살	46	용기
5	싫증	12	보편성	19	핵심	26	향기	33	만유인력	40	바위	47	아기
6	양호	13	선비	20	하모니카	27	구두	34	안경	41	민주주의	48	선생님
7	개미	14	살인	21	혈액	28	새집	35	정책	42	화장실	49	희망

Magic Number 7 기억훈련 자료

활동목표 ① Magic Number 7의 의도를 이해할 수 있다. ② 기억의 원리에 대해 이해하고 학습에 적용할 수 있다.
활동방법 ① 기억하기 전에 제목, 예상, 기억갯수 등을 임의로 결정한다. ② 아래 예시 단어를 7분 동안 기억한 다음, Magic Number 7 기억훈련지에 순서에 맞추어 기록한다. ③ 모든 칸을 기록하지 못할 경우 5분의 기억시간을 사용 후 다시 기록한다.

1-3 예시단어

주제 : 경제활동

1	사다리	8	쇠가죽	15	기부금	22	경계심	29	비장하다	36	습도계	43	무궁화
2	화로	9	장롱	16	평화	23	우주	30	노고	37	극단주의	44	휴지
3	허물다	10	맹세	17	존엄성	24	순록	31	잔디	38	경제 성장	45	위장복
4	장례	11	가스렌지	18	갈증	25	자두	32	색종이	39	민첩성	46	건조기
5	무궁화	12	플러그	19	가방	26	샌드위치	33	배낭	40	요긴하다	47	혼자
6	캐비닛	13	옷걸이	20	강아지풀	27	도시락	34	거칠다	41	총	48	든든한
7	자전거	14	콩나물	21	마이크	28	오이	35	재떨이	42	무관심	49	편안

1-4 예시단어

주제 : 노동자

1	연안국	8	버스	15	의식	22	모방	29	모기	36	획득	43	창틀
2	기상	9	손수레	16	배움	23	보리쌀	30	목욕탕	37	옷장	44	무승부
3	반지	10	해장국	17	소나무	24	농부	31	공동체	38	외교관	45	기념탑
4	공해	11	거실	18	따분한	25	얼룩소	32	누룽지	39	풍선	46	상쾌
5	아리랑	12	머리털	19	압정	26	주거권	33	숲	40	담배	47	접착제
6	무표정	13	액자	20	심장	27	깨우침	34	간판	41	운항	48	아지랑이
7	인공지능	14	지름길	21	성냥불	28	아스팔트	35	현상	42	손톱	49	도깨비

Part.6

활용지
자기 수련 · 공부,
역량을 키우다

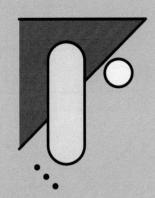

샘플자료·활용영상

활용지

Self-Study Story

날짜

---

1. 분야　　　　　　　**2. 주제**

3. 오늘 왜 왔니? (오늘 뭐 할거니?)

4. 왜 그걸? (그 공부를 하는 이유는 뭐야?)　　　　**5. 어떻게 할건데?**

6. 지금까지 공부했던 내용은 뭐야?

7. 오늘 잘 한 것 같니? (자기점검)

5, 4, 3, 2, 1, 0	이유

8. 그래서 알게 된 건 뭐니? 다음 시간엔 뭘 더 해야 할까?

활용지

Self-Study Story

날짜 (. . .)

1. 분야		2. 주제	

3. 오늘 왜 왔니? (오늘 뭐 할거니?)

4. 왜 그걸? (그 공부를 하는 이유는 뭐야?) / **5. 어떻게 할건데?**

6. 지금까지 공부했던 내용은 뭐야?

7. 오늘 잘 한 것 같니? (자기점검)

5, 4, 3, 2, 1, 0	이유

8. 그래서 알게 된 건 뭐니? 다음 시간엔 뭘 더 해야 할까?

활용지

Self-Study Story

날짜

| 1. 분야 | | 2. 주제 | |

3. 오늘 왜 왔니? (오늘 뭐 할거니?)

4. 왜 그걸? (그 공부를 하는 이유는 뭐야?)

5. 어떻게 할건데?

6. 지금까지 공부했던 내용은 뭐야?

7. 오늘 잘 한 것 같니? (자기점검)

| 5, 4, 3, 2, 1, 0 | 이유 | |

8. 그래서 알게 된 건 뭐니? 다음 시간엔 뭘 더 해야 할까?

Self-Study Story

날짜   .   .   .

1. 분야		2. 주제	

3. 오늘 왜 왔니? (오늘 뭐 할거니?)

4. 왜 그걸? (그 공부를 하는 이유는 뭐야?)   **5. 어떻게 할건데?**

6. 지금까지 공부했던 내용은 뭐야?

7. 오늘 잘 한 것 같니? (자기점검)

5, 4, 3, 2, 1, 0	이유

8. 그래서 알게 된 건 뭐니? 다음 시간엔 뭘 더 해야 할까?

활용지

Self-Study Story

날짜 [. . .]

1. 분야		2. 주제	

3. 오늘 왜 왔니? (오늘 뭐 할거니?)

4. 왜 그걸? (그 공부를 하는 이유는 뭐야?)	5. 어떻게 할건데?

6. 지금까지 공부했던 내용은 뭐야?

7. 오늘 잘 한 것 같니? (자기점검)

5, 4, 3, 2, 1, 0	이유	

8. 그래서 알게 된 건 뭐니? 다음 시간엔 뭘 더 해야 할까?

활용지

Self-Study Story

날짜　　　.　　.　　.

1. 분야		2. 주제	

3. 오늘 왜 왔니? (오늘 뭐 할거니?)

4. 왜 그걸? (그 공부를 하는 이유는 뭐야?)　　　　5. 어떻게 할건데?

6. 지금까지 공부했던 내용은 뭐야?

7. 오늘 잘 한 것 같니? (자기점검)

5, 4, 3, 2, 1, 0	이유

8. 그래서 알게 된 건 뭐니? 다음 시간엔 뭘 더 해야 할까?

활용지

Self-Study Story

날짜 (. . .)

1. 분야		2. 주제

3. 오늘 왜 왔니? (오늘 뭐 할거니?)

4. 왜 그걸? (그 공부를 하는 이유는 뭐야?)	5. 어떻게 할건데?

6. 지금까지 공부했던 내용은 뭐야?

7. 오늘 잘 한 것 같니? (자기점검)

5, 4, 3, 2, 1, 0	이유

8. 그래서 알게 된 건 뭐니? 다음 시간엔 뭘 더 해야 할까?

활용지

Self-Study Story

날짜 　　　.　　　.　　　.

1. 분야		2. 주제	

3. 오늘 왜 왔니? (오늘 뭐 할거니?)

4. 왜 그걸? (그 공부를 하는 이유는 뭐야?)　　　　5. 어떻게 할건데?

6. 지금까지 공부했던 내용은 뭐야?

7. 오늘 잘 한 것 같니? (자기점검)

5, 4, 3, 2, 1, 0	이유	

8. 그래서 알게 된 건 뭐니? 다음 시간엔 뭘 더 해야 할까?

(사)가르치는사람들 Corp All Rights Reserved T.1551-5874

Self-Study Story

날짜   .   .   .

1. 분야		2. 주제	

3. 오늘 왜 왔니? (오늘 뭐 할거니?)

4. 왜 그걸? (그 공부를 하는 이유는 뭐야?)	5. 어떻게 할건데?

6. 지금까지 공부했던 내용은 뭐야?

7. 오늘 잘 한 것 같니? (자기점검)

5, 4, 3, 2, 1, 0	이유

8. 그래서 알게 된 건 뭐니? 다음 시간엔 뭘 더 해야 할까?

Self-Study Story

날짜 [. . .]

1. 분야		2. 주제	

3. 오늘 왜 왔니? (오늘 뭐 할거니?)

4. 왜 그걸? (그 공부를 하는 이유는 뭐야?) | 5. 어떻게 할건데?

6. 지금까지 공부했던 내용은 뭐야?

7. 오늘 잘 한 것 같니? (자기점검)

5, 4, 3, 2, 1, 0	이유	

8. 그래서 알게 된 건 뭐니? 다음 시간엔 뭘 더 해야 할까?

활용지

상담기록 **MINDSTORY**

날짜 ____ . ____ . ____

동기목표	공부 이유 / 학습 목표 동기 / 적성과 진로	기억 집중	잡념 / 주의 집중 전략 / 기억전략 / 노트필기
시간관리	시간관리 / 학습계획과 실천 / 플래너	학습활동	예습 복습 전략 / 자기주도 / 메타인지 학습
환경관리	수면과 컨디션 조절 / 정리정돈과 인터넷	시험활동	시험계획 / 시험불안 / 시험분석과 오답정리
정서관리	자기효능감 / 우울 / 슬픔 / 분노 / 불안 / 짜증 / 외로움 / 불면 / 피곤 / 무기력 / 친구 / 스마트폰 / 게임 / 학교생활 등		

지난 회기 상담 내용과 활동

Mind-Story의 주제	자기 생각

기록하고 보니

상담자의 한 줄 의견

활용지

상담기록 MINDSTORY

날짜 (. . .)

동기목표	공부 이유 / 학습 목표 동기 / 적성과 진로	기억 집중	잡념 / 주의 집중 전략 / 기억전략 / 노트필기
시간관리	시간관리 / 학습계획과 실천 / 플래너	학습활동	예습 복습 전략 / 자기주도 / 메타인지 학습
환경관리	수면과 컨디션 조절 / 정리정돈과 인터넷	시험활동	시험계획 / 시험불안 / 시험분석과 오답정리
정서관리	자기효능감 / 우울 / 슬픔 / 분노 / 불안 / 짜증 / 외로움 / 불면 / 피곤 / 무기력 / 친구 / 스마트폰 / 게임 / 학교생활 등		

지난 회기 상담 내용과 활동

Mind-Story의 주제	자기 생각

기록하고 보니

상담자의 한 줄 의견

활용지

상담기록 MINDSTORY

날짜 (. . .)

동기목표	공부 이유 / 학습 목표 동기 / 적성과 진로	기억 집중	잡념 / 주의 집중 전략 / 기억전략 / 노트필기
시간관리	시간관리 / 학습계획과 실천 / 플래너	학습활동	예습 복습 전략 / 자기주도 / 메타인지 학습
환경관리	수면과 컨디션 조절 / 정리정돈과 인터넷	시험활동	시험계획 / 시험불안 / 시험분석과 오답정리
정서관리	자기효능감 / 우울 / 슬픔 / 분노 / 불안 / 짜증 / 외로움 / 불면 / 피곤 / 무기력 / 친구 / 스마트폰 / 게임 / 학교생활 등		

지난 회기 상담 내용과 활동

Mind-Story의 주제	자기 생각

기록하고 보니

상담자의 한 줄 의견

활용지

상담기록 MINDSTORY

날짜   .   .   .

동기목표	공부 이유 / 학습 목표 동기 / 적성과 진로	기억 집중	잡념 / 주의 집중 전략 / 기억전략 / 노트필기
시간관리	시간관리 / 학습계획과 실천 / 플래너	학습활동	예습 복습 전략 / 자기주도 / 메타인지 학습
환경관리	수면과 컨디션 조절 / 정리정돈과 인터넷	시험활동	시험계획 / 시험불안 / 시험분석과 오답정리
정서관리	자기효능감 / 우울 / 슬픔 / 분노 / 불안 / 짜증 / 외로움 / 불면 / 피곤 / 무기력 / 친구 / 스마트폰 / 게임 / 학교생활 등		

지난 회기 상담 내용과 활동

Mind-Story의 주제	자기 생각

기록하고 보니

상담자의 한 줄 의견

활용지

상담기록 MINDSTORY

날짜 (.   .   .)

동기목표	공부 이유 / 학습 목표 동기 / 적성과 진로	기억 집중	잡념 / 주의 집중 전략 / 기억전략 / 노트필기
시간관리	시간관리 / 학습계획과 실천 / 플래너	학습활동	예습 복습 전략 / 자기주도 / 메타인지 학습
환경관리	수면과 컨디션 조절 / 정리정돈과 인터넷	시험활동	시험계획 / 시험불안 / 시험분석과 오답정리
정서관리	자기효능감 / 우울 / 슬픔 / 분노 / 불안 / 짜증 / 외로움 / 불면 / 피곤 / 무기력 / 친구 / 스마트폰 / 게임 / 학교생활 등		

지난 회기 상담 내용과 활동

Mind-Story의 주제	자기 생각

기록하고 보니

상담자의 한 줄 의견

활용지

상담기록 MINDSTORY

날짜 (　　.　　.　　.　)

동기목표	공부 이유 / 학습 목표 동기 / 적성과 진로	기억 집중	잡념 / 주의 집중 전략 / 기억전략 / 노트필기
시간관리	시간관리 / 학습계획과 실천 / 플래너	학습활동	예습 복습 전략 / 자기주도 / 메타인지 학습
환경관리	수면과 컨디션 조절 / 정리정돈과 인터넷	시험활동	시험계획 / 시험불안 / 시험분석과 오답정리
정서관리	자기효능감 / 우울 / 슬픔 / 분노 / 불안 / 짜증 / 외로움 / 불면 / 피곤 / 무기력 / 친구 / 스마트폰 / 게임 / 학교생활 등		

지난 회기 상담 내용과 활동

Mind-Story의 주제	자기 생각

기록하고 보니

상담자의 한 줄 의견

활용지

상담기록 MINDSTORY

날짜 [　　.　　.　　]

동기목표	공부 이유 / 학습 목표 동기 / 적성과 진로	기억 집중	잡념 / 주의 집중 전략 / 기억전략 / 노트필기
시간관리	시간관리 / 학습계획과 실천 / 플래너	학습활동	예습 복습 전략 / 자기주도 / 메타인지 학습
환경관리	수면과 컨디션 조절 / 정리정돈과 인터넷	시험활동	시험계획 / 시험불안 / 시험분석과 오답정리
정서관리	자기효능감 / 우울 / 슬픔 / 분노 / 불안 / 짜증 / 외로움 / 불면 / 피곤 / 무기력 / 친구 / 스마트폰 / 게임 / 학교생활 등		

지난 회기 상담 내용과 활동

Mind-Story의 주제	자기 생각

기록하고 보니

상담자의 한 줄 의견

활용지

상담기록 MINDSTORY

날짜 [. . .]

동기목표	공부 이유 / 학습 목표 동기 / 적성과 진로	기억 집중	잡념 / 주의 집중 전략 / 기억전략 / 노트필기
시간관리	시간관리 / 학습계획과 실천 / 플래너	학습활동	예습 복습 전략 / 자기주도 / 메타인지 학습
환경관리	수면과 컨디션 조절 / 정리정돈과 인터넷	시험활동	시험계획 / 시험불안 / 시험분석과 오답정리
정서관리	자기효능감 / 우울 / 슬픔 / 분노 / 불안 / 짜증 / 외로움 / 불면 / 피곤 / 무기력 / 친구 / 스마트폰 / 게임 / 학교생활 등		

지난 회기 상담 내용과 활동

Mind-Story의 주제	자기 생각

기록하고 보니

상담자의 한 줄 의견

활용지

마인드스토리 문해력

날짜 (. . .)

자신이 공부하는 부분의 글을 ① 한눈에 들어오는 만큼 사선(/)을 치고, ② 모르는 낱말에 동그라미(O), ③ 핵심어에는 네모(□), ④ 핵심어를 설명하는 중요한 문장에 밑줄, ⑤ 제목을 설명하는 부분에 두줄 밑줄을 치면서 읽은 후 다음 활동을 합니다.

글의 출처	
중단원 제목	
소단원 제목	
소제목	

1. 이 글은 몇 개의 내용(문단)으로 나누어졌나요?

2. 각 내용(문단)의 중요한 문장은 무엇인가?

　　1문단 :

　　2문단 :

　　3문단 :

　　4문단 :

　　5문단 :

　　6문단 :

　　7문단 :

3. 가장 중요한 내용은 어디에 있나요?　　① 앞 부분에　② 중간 부분에　③ 끝 부분에

4. 주제는 무엇인가?

5. 내용에 알맞은 글의 제목을 붙여보세요.

활용지

마인드스토리 문해력

날짜 [. . .]

자신이 공부하는 부분의 글을 ① 한눈에 들어오는 만큼 사선(/)을 치고, ② 모르는 낱말에 동그라미(〇), ③ 핵심어에는 네모(□),
④ 핵심어를 설명하는 중요한 문장에 밑줄, ⑤ 제목을 설명하는 부분에 두줄 밑줄을 치면서 읽은 후 다음 활동을 합니다.

글의 출처	
중단원 제목	
소단원 제목	
소제목	

1. 이 글은 몇 개의 내용(문단)으로 나누어졌나요?

2. 각 내용(문단)의 중요한 문장은 무엇인가?

  1문단 :

  2문단 :

  3문단 :

  4문단 :

  5문단 :

  6문단 :

  7문단 :

3. 가장 중요한 내용은 어디에 있나요?　① 앞 부분에　② 중간 부분에　③ 끝 부분에

4. 주제는 무엇인가?

5. 내용에 알맞은 글의 제목을 붙여보세요.

활
용
지

마인드스토리 문해력

날짜 (　　　.　　　.　　　)

자신이 공부하는 부분의 글을 ① 한눈에 들어오는 만큼 사선(/)을 치고, ② 모르는 낱말에 동그라미(○), ③ 핵심어에는 네모(□),
④ 핵심어를 설명하는 중요한 문장에 밑줄, ⑤ 제목을 설명하는 부분에 두줄 밑줄을 치면서 읽은 후 다음 활동을 합니다.

글의 출처	
중단원 제목	
소단원 제목	
소제목	

1. 이 글은 몇 개의 내용(문단)으로 나누어졌나요?

2. 각 내용(문단)의 중요한 문장은 무엇인가?

　　1문단 :

　　2문단 :

　　3문단 :

　　4문단 :

　　5문단 :

　　6문단 :

　　7문단 :

3. 가장 중요한 내용은 어디에 있나요?　　① 앞 부분에　　② 중간 부분에　　③ 끝 부분에

4. 주제는 무엇인가?

5. 내용에 알맞은 글의 제목을 붙여보세요.

활용지

마인드스토리 문해력

날짜   .   .   .

자신이 공부하는 부분의 글을 ① 한눈에 들어오는 만큼 사선(/)을 치고, ② 모르는 낱말에 동그라미(○), ③ 핵심어에는 네모(□),
④ 핵심어를 설명하는 중요한 문장에 밑줄, ⑤ 제목을 설명하는 부분에 두줄 밑줄을 치면서 읽은 후 다음 활동을 합니다.

글의 출처	
중단원 제목	
소단원 제목	
소제목	

1. 이 글은 몇 개의 내용(문단)으로 나누어졌나요?

2. 각 내용(문단)의 중요한 문장은 무엇인가?

    1문단 :

    2문단 :

    3문단 :

    4문단 :

    5문단 :

    6문단 :

    7문단 :

3. 가장 중요한 내용은 어디에 있나요?   ① 앞 부분에   ② 중간 부분에   ③ 끝 부분에

4. 주제는 무엇인가?

5. 내용에 알맞은 글의 제목을 붙여보세요.

활용지

'진로를 바로 알고, 나를 성장시키는'

인공지능의 세상에서

좋은 질문과 문제를 해결하는 힘을 기르는 교육

가르치는사람들

가르치는 사람들 프로그램 신청 레시피

캠프문의 및 신청

1단계. 학생,교사,학부모님을 위한 교육프로그램을 선택한다

2단계. 특강 및 캠프 프로그램 코스를 상세히 파악한다

3단계. 캠프신청 및 My Best 인공지능 디지털 교과서 구독한다

AI기반 진로진학 MY BEST 개인맞춤 가이드 활용방법

창체 진로 수업 디지털 교과서, 학급&학교 특색 자율활동, 여가시간, 16+1 유연화 프로그램 All 솔루션

대표번호 1551-5874
① 워크북&캠프문의   ② 특강, 에듀마스터
③ 협업문의   ④ 체험학습&캠프

SNS / 홈페이지   가르치는 사람들

밴드   오늘과 내일의 학교 🔍

코스선택 ☐ 초등 ☐ 중등 ☐ 고등   ★ 문의시 체크한 것을 기반으로 말씀해주세요! 빠른 상담이 진행됩니

1단계 필요한 프로그램을 생각해보세요!

☐ 초등&중학 전환기 캠프   ☐ 슬기로운 중학생활   ☐ 슬기로운 고등학교생활   ☐ 학종 탐구생활
☐ 꿈전략 입시진학컨설팅   ☐ 특성화고 AI케어   ☐ 미래역량 진로체험   ☐ 학부모&교직원 특강

2단계 각 프로그램의 구성을 살펴보세요!

캠프 및 구독프로그램
(프로그램 대상)

Ⅰ. 슬기로운 고등학교생활
(고등학생 / 특목자사 준비그룹) (고1, 고2 학기초 추

My Best
개인맞춤 가이드

☐ 1. 고등계열성향검사   ☐ 2. 고교학점제 교과선택   ☐ 3. 대학합격 공부

AI 전문가가
알려드립니다!

 #고교학점제 #교과선택
#관심분야&학과정보

 #고교학점제 #교과선택
#진로검사

 #스터디전략 #공부성향검사
#학습컨설팅

캠프 및 구독프로그램
(프로그램 대상)

Ⅲ. 꿈전략 입시진학컨설팅
(고등학생 / 특목&자사고 준비그룹) (고2, 고3 연간 추

My Best
개인맞춤 가이드

☐ 8. 대학합격수기   ☐ 9. 3색 독서솔루션   ☐

AI 전문가가
알려드립니다!

#입시준비 #자소서특강
#학생부반영

 #도서추천 #독서솔루션
#교과심화학습

Ⅴ. 미래역량 진로체험 (특성화고, 일반계고, 마이스

(프로그램 대상)

My Best
개인맞춤 가이드

 ☐ 14. 미래역량 리더십   ☐ 15. 미래역량 창의성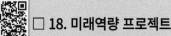
☐ 17. 미래역량 소통   ☐ 18. 미래역량 프로젝트   ☐

AI 전문가가
알려드립니다!

14. #미래직업 #적성과재능   15. #역량진단검사 #창의력향상   16. #소통·
17. #소통역량 강화 #비판적사고   18. #수행능력 향상 #팀워크   19. #문제

왜? 가르치는 사람들캠프가 전문성과 차별적 인기를 얻는가?

❶ 실전강사자격, 진로진학 상담 자격 등 전문강사 350명
❷ 2년간 5만명이 활용한 AI 인공지능 맞춤프로그램
❸ 전문 워크북 기록, 발표, 그리고 실력을 성장시키는 학생 참여형 캠프
❹ 각 학생 개별 자료 제공을 통한 구체적인 솔루션으로 만족도 최고
❺ 개별 자기평가서로 학생부 기록 차별화

[학기별 구독으로 '창체수업 디지털교과서'와 '개별 컨설팅자료'로 활용 가능]

II. 학종 탐구생활
(고등학생 / 특목&자사고 준비그룹) (고1, 고2 학기말 추천활동)

□ 4. 대학합격 학생부   □ 5. 학생부 로드맵   □ 6. 대학합격 과제탐구   □ 7. 대학합격 면접

#학생부종합필수 #계열별   #학생부전략 #진학가이드   #학생부전형필수   #구술면접 가이드 #학과별
합격데이터 #학생부컨설팅   #학생부컨설팅   #과제탐구주제 #탐구보고서   예상질문 #인성/심층면접

IV. 슬기로운 중학생활
(중학교, 초등학교 고학년)

합격 대학&전형   □ 11. 중학계열성향검사   □ 12. 중학공부끝판왕   □ 13. 고입&대입가이드

교의고사 분석   #중학계열성향검사   #공부성향검사   #고입부터 대입까지
#합격데이터   #진로찾기 #중학필수   #스터디전략 #학습컨설팅   #진로진학검사 #중학필수

중학교)   ### VI. 창체교과서 교사튜터 (디지털 교과서, 창체수업과 상담자료)

역량 문제해결

역량 전략적사고   □ 추천 창제 수업 및 상담 코스 130개   □ 선택 창제 수업 및 상담 코스 130개

의진행능력   #창체진로수업 #수업안내영상   #학급특색 #학교특색 #여가시간활동
#전략제시   #자료제공 #자율활동   #16+1교육과정프로그램

가르치는 사람들의 '마독'은 내 마음대로 골라 사용하고 할인받는
학생들의 실제 성장을 위한 '마이베스트(my best)구독' 서비스입니다.

<캠프없이 디지털교과서로 사용시>
학기별 My Best 구독료

매학기 3.1~8.31 / 9.1~2.28

#중&고등학교 #MyBest 구독비

❶ 학급별 20만원 (한학기 사용기준 학생계정 20개)

☑ 20명 기준 / 학기 기준

☑ 1인 10,000원 (학교 학급단위 신청시)

☑ 모든 AI 진로진학 프로그램 학기별 10회씩 제공

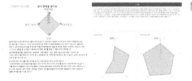

<전문가와 심화된 활동이 필요시>
1Day 캠프 특징

학교여건에 따라 조정가능

☑ 학교 방문 캠프

☑ AI 기반 My Best 개인맞춤가이드

☑ 활동 기록 및 학생부 자기평가서

☑ 학생별로 딱 맞춘 찐 성장 캠프

<AI 기반 My Best 진로진학 가이드 실행 화면>

★ 오내학교, 꿈센터, 꿈지사, 교육기관은 개별 문의

3단계 가르치는 사람들 특화, 교사연수 및 학부모 아카데미

교사연수 (전문적학습공동체 연수, 진로진학 연수 등)

진로진학 지도사 | 고교학점제 지도사 | 과제탐구 지도사

학부모아카데미 (누적 1800여개 학교 특강)

진로진학 코치 | 고교학점제 코치 | 과제탐구 코치

4단계 희망하시는 프로그램으로 학교와 기관에서 뵙겠습니다!

 체크하신 것 요청 문의하시면, EBS 대표강사, 베스트셀러 저자, My Best
교육전문가, 전국단위 꿈강사 & 대치동 컨설턴트님들이 찾아갑니다!

사)가르치는사람들 지원   문의: 1551-5874

마인드스토리 메타인지 워크북: 자기주도학습 공부력

초판발행	2024년 9월 30일
지은이	박종석·이진숙·이희정
펴낸이	노 현
편 집	이혜미
기획/마케팅	이선경
표지디자인	이정희
제 작	고철민·김원표
펴낸곳	㈜ 피와이메이트
	서울특별시 금천구 가산디지털2로 53, 210호(가산동, 한라시그마밸리)
	등록 2014. 2. 12. 제2018-000080호
전 화	02)733-6771
f a x	02)736-4818
e-mail	pys@pybook.co.kr
homepage	www.pybook.co.kr
ISBN	979-11-7279-032-5 93370

정 가   19,000원

박영스토리는 박영사와 함께하는 브랜드입니다.